Un ours très gourmet

Texte : Marc Cantin
Illustrations : Joëlle Dreidemy

SOMMAIRE

L'histoire

Les documents

Les lieux

La grotte

Le restaurant
Don Jiovanni

Les personnages

Dordine

Crok

Le cuisinier

L'ours Crok est réveillé par des gouttes d'eau glacées qui lui tombent sur le nez.

1

Un réveil avant l'heure

D'habitude, l'ours Crok dort tout l'hiver dans sa grotte. Mais cette année, il est réveillé beaucoup plus tôt…

L'ours Crok vit très haut dans la montagne, et, quand l'hiver arrive, il se réfugie dans sa grotte avec Dordine, sa marmotte préférée. Il la serre dans ses bras et s'endort jusqu'au printemps.

Mais cette année, avant la fin de l'hiver, Crok est réveillé par des gouttes d'eau glacées qui lui tombent sur le nez. À cause de la fonte des glaciers, sa caverne est inondée.
– Dordine ! Je suis tout mouillé et je n'arrive pas à me rendormir.

La marmotte ouvre difficilement un œil. Puis l'autre.
– En plus, j'ai faim ! ajoute Crok.

Dordine sait que son ami est gourmand, alors elle propose de sortir chercher un peu de nourriture. Les deux amis quittent leur grotte mais, dehors, c'est encore l'hiver. Pas de myrtilles à l'horizon, aucune framboise dans les buissons, pas même une abeille ou un petit champignon.

– J'ai faim ! répète Crok.

La marmotte lui propose de se rendre jusqu'à la vieille cabane qui sert de refuge aux randonneurs en été, dans l'espoir d'y trouver quelque chose à grignoter.

Arrivés à la cabane, les deux animaux entrent, fouillent et reniflent… mais ne trouvent rien à manger.

– Tout ce qu'il y a ici, c'est un vieux livre de recettes, dit Dordine.

Crok le lui arrache des pattes. Il tourne les pages et s'arrête soudain.

– Voilà ce que je veux manger ! s'exclame-t-il en brandissant le livre. Des spaghettis ! De bons spaghettis !

Dordine éclate de rire. L'ours lui lance un regard noir : il déteste qu'on se moque de lui.

– Je veux des spaghettis ! répète-t-il.

– D'accord, dit la marmotte. Pour en trouver, il faut aller en ville, dans la vallée.

Crok prend aussitôt sa marmotte sous son bras et descend de la montagne en courant.

Quand Crok entre dans le restaurant, les clients disparaissent sous les tables ou se cachent derrière leurs serviettes.

2

À la recherche d'un restaurant…

Crok et sa marmotte cherchent un restaurant où ils pourront manger des spaghettis.

L'ours arrive en ville dans la soirée. Avec sa marmotte, il marche dans les rues d'un pas joyeux, quand une enseigne lumineuse apparait dans la nuit : « Restaurant Saveurs d'Orient ».

Sans hésiter, il pousse la porte du restaurant.
– Iiiiiiaaaah ! crient les clients.
Ils disparaissent sous les tables ou se cachent derrière leurs serviettes.
– V… vous dé-désirez M… Monsieur l'ours ? bafouille le garçon.
Poliment, Crok explique qu'il souhaite un grand plat de spaghettis. Le serveur, pâle et tremblant, s'incline et s'excuse. Il avoue en bégayant qu'il n'y a pas de spaghettis dans son restaurant. Du porc au caramel, oui, du canard laqué aussi, même des rouleaux de printemps, mais des spaghettis, non.

Crok grogne. Dordine précise que son ami ours est très contrarié. Le serveur transpire à grosses gouttes… quand une idée lui traverse l'esprit.
– Il y a un autre restaurant tout près d'ici. À gauche en sortant. Peut-être servent-ils des spaghettis ?
Crok retrouve le sourire. Le serveur le raccompagne à la porte sous les applaudissements des clients.
Une nouvelle fois, Crok marche dans les rues d'un pas joyeux. Une seconde enseigne lumineuse apparait dans la nuit : « Resto'vite ».
Sans hésiter, il pousse la porte de l'établissement.

– Iiiiiiaaaah ! crient les clients.
Ils disparaissent derrière leurs chaises ou se cachent sous les nappes.
– V… vous dé-désirez M… Monsieur l'ours ? bafouille la serveuse.
Crok commence à avoir très faim mais, poliment, il explique qu'il souhaite un grand plat de spaghettis. La serveuse, pâle et tremblante, s'incline et s'excuse. Elle avoue en bégayant qu'il n'y a pas de spaghettis dans son restaurant. Des salades composées, oui, des sandwichs aussi, même des frites et des glaces, mais des spaghettis, non.

Les poils de Crok se hérissent. Dordine prévient que son ami va se fâcher. La serveuse transpire à grosses gouttes… quand une idée lui traverse l'esprit.

– V… vous pourriez passer de l'autre côté de la frontière, en Italie, dit-elle. C'est le pays des spaghettis.

Crok ouvre des yeux ronds et sourit de toutes ses dents. Il remercie la serveuse qui le raccompagne à la porte sous les hourras des clients.

Crok s'installe confortablement.
Le voyage dure toute la nuit
et, au petit matin, le train arrive à Rome.

3

En route pour l'Italie

Crok et Dordine changent de pays, toujours à la recherche de spaghettis…

L'ours marche dans les rues d'un pas pressé, sa marmotte sur l'épaule. Il se rend à la gare et saute dans le premier train pour l'Italie. Il s'installe confortablement en première classe avec sa marmotte, pendant que tous les voyageurs sortent du wagon en hurlant. Le train quitte la gare et le contrôleur, enfermé dans les toilettes, renonce à vérifier les billets.

Le voyage dure toute la nuit. Le train quitte la France, franchit les montagnes et la frontière et, au petit matin, il s'arrête à la gare de Rome, en Italie.

Crok descend du train en courant, sa marmotte sur l'épaule. Il fonce vers la première enseigne qu'il aperçoit : « Ristorante Don Jiovanni ». Il pousse la porte du restaurant.
– Un énorme très grand plat immense de spaghettis, s'il vous plait, demande-t-il en s'asseyant à une table, la langue pendante.

Il n'a rien mangé depuis longtemps et commence à avoir très, très, très faim. Le cuisinier s'avance prudemment et Crok lui explique qu'il vient de loin, d'un autre pays, qu'il a quitté sa grotte inondée hier, puis qu'il a pris le train pour arriver ce matin à Rome.

– Mon ami est prêt à tout pour manger des spaghettis, signale Dordine.

Le cuisinier est ravi. Heureux qu'on vienne de si loin, et de si bon matin, pour gouter sa spécialité. Il disparait dans sa cuisine et revient quinze minutes plus tard avec une assiette fumante et bien remplie. Les spaghettis sont cuits à point, brillants, appétissants, prêts à être dévorés. En fin gourmet, l'ours ferme les yeux et hume le plat pour laisser les saveurs emplir ses naseaux… mais soudain, il fronce ses gros sourcils !

Crok descend du train en courant et fonce vers le premier restaurant qu'il voit.

Crok a très envie de manger des spaghettis mais il veut de la sauce bolognaise.

4
Un cuisinier tartiné...

Crok perd son calme et devient de plus en plus menaçant...

– Il manque des ingrédients, dit Crok.
– Ah bon ? s'étonne le cuisinier. Lesquels ?
– Dans mon livre de recettes, il est question de spaghettis à la bolognaise, reprend l'ours. Il manque la viande et la sauce tomate.
– Je n'ai plus de viande, explique le cuisinier. Mais ça n'a pas d'importance. Les spaghettis sont meilleurs nature. Et si vous vouliez des spaghettis à la bolognaise, il fallait aller à Bologne, pas à Rome !
Il éclate de rire comme s'il s'agissait d'une bonne blague.

Crok déteste qu'on se moque de lui. Et il n'a pas fait un si long voyage pour manger des spaghettis au beurre !

Cette fois, sa patience est à bout.

Il regarde le cuisinier avec des yeux brillants et un drôle de sourire fait apparaitre ses dents.
— C… calmez-vous, Monsieur l'ours.

Trop affamé pour attendre plus longtemps, Crok attrape le cuisinier. Il le tartine de sauce tomate, l'enroule de spaghettis et…
— NON ! l'arrête Dordine.
Elle monte sur la table, très en colère.
— On ne mange pas les gens ! gronde-t-elle. C'est cruel et très mal élevé !

L'ours, honteux de ne pas connaitre les bonnes manières, libère le cuisinier. Ce dernier, encore tremblant, serre la patte de la marmotte.
— V… vous m'avez sauvé la vie. C… comment vous remercier ?

— En m'apportant un tiramisu, répond Dordine avant de refermer la carte.

Le cuisinier retourne en un éclair dans sa cuisine.
– Dis donc, chuchote l'ours, tu ne m'aurais pas empêché de le manger pour avoir un dessert ?
– Pas du tout, affirme la marmotte. Au lieu de dire des bêtises, mange tes spaghettis. Ils vont être froids.
Crok obéit et Dordine savoure le tiramisu que le cuisinier vient de lui apporter.
Le cuisinier est rassuré !

Mais après ce bon repas, l'ours et la marmotte sont fatigués. Ils se frottent le ventre et s'endorment sur leur chaise, dans les bras l'un de l'autre. Le restaurateur décide de les laisser hiberner car, après toutes ces émotions, il a bien mérité un peu de vacances. Il accroche une pancarte « Fermé » sur la porte de son restaurant, puis, sans bruit, il fait sa valise et part en France jusqu'au printemps !

As-tu bien compris ?

Réponds aux questions.

1 • Pourquoi les deux amis ne trouvent-ils pas de nourriture ?

a. Parce que Crok a déjà tout mangé.
b. Parce que c'est l'hiver.
c. Parce qu'on ne trouve jamais rien à manger en montagne.

2 • Pourquoi Crok ne trouve-t-il pas de spaghettis dans la vallée ?

a. Parce que les restaurants sont fermés.
b. Parce que les restaurants n'en servent pas.
c. Parce qu'il n'y a pas de restaurants.

3 • Pourquoi Dordine et Crok partent-ils à Rome ?

a. Pour visiter la ville.
b. Pour apprendre l'italien.
c. Pour trouver des spaghettis.

4 • Pourquoi Crok essaie-t-il de manger le cuisinier ?

a. Parce qu'il voulait des spaghettis à la bolognaise, et qu'il n'a eu que des spaghettis au beurre.
b. Parce qu'il parait que les cuisiniers italiens sont très bons.
c. Parce que le cuisinier refusait de le servir.

Vrai ou faux ?

1. Crok n'aime pas qu'on se moque de lui.
2. Les clients des restaurants adorent Crok : ils le saluent gentiment.
3. Dordine et Crok prennent l'avion pour aller en Italie.
4. Crok court vers le premier restaurant dès son arrivée en Italie !
5. Dordine empêche Crok de manger le cuisinier.
6. Le cuisinier part à Bologne pour se remettre de ses émotions.

1 = b ; 2 = b ; 3 = c ; 4 = a
1 = V ; 2 = F ; 3 = F ; 4 = V ; 5 = V ; 6 = F

DOC

Les paysages montagneux

Les ours dans le monde

Les habitants du froid

Les paysages montagneux

La **vallée**, où vivent les hommes, est située au pied des montagnes.

Le **glacier** du Gorner (Alpes suisses)

Un torrent dans le Mercantour (Alpes françaises)

Les montagnes sont des espaces naturels constitués de sommets élevés. Ces photos sont prises dans les Alpes. La végétation n'est pas la même dans la vallée ou en haut des versants. Au-delà de 2000 m, les arbres ne poussent plus.

Pic, **cime** et **aiguille** sont les noms donnés aux plus hauts sommets.

un chardon

un mélèze

des édelweiss

un épicéa

Comment vivent les hommes dans les régions montagneuses ?

Les hommes ont transformé les paysages pour pouvoir y vivre.

Un barrage en montagne

Une station de ski en été

Une station de ski en hiver

Un chasse-neige

Les hommes ont construit des villages et des routes pour vivre en montagne, malgré le froid et la neige. Depuis environ 100 ans, des touristes viennent aussi en montagne pour pratiquer des sports comme le ski et l'alpinisme ou pour passer des vacances.

Depuis toujours, les hommes cultivent la terre et élèvent des animaux sur les pentes des montagnes. Aujourd'hui, ils aménagent des pistes de ski et des chemins de randonnée pour les touristes.

Un tracteur fauchant de l'herbe pour obtenir du foin.

Des randonneurs

Un alpiniste

Des vaches montant en alpage.

Les montagnes françaises

Cette photo est prise d'un satellite.

Cette photo, prise de très haut en hiver, montre la France et ses voisins européens.

La neige est visible sur les massifs montagneux.
Une partie seulement de la chaine des Alpes est en France. Son point culminant est le mont Blanc à 4810 m.

Le relief de la France

Il y a plusieurs massifs montagneux en France : les Alpes, les Pyrénées, le Massif central, les Vosges, le Jura. La forme des sommets dépend de l'altitude des massifs montagneux.

Les quatre sommets les plus hauts des massifs montagneux

Ballon de Guebwiller (Vosges)

Puy de Sancy (Massif central)

Mont Blanc (Alpes)

Pic Vignemale (Pyrénées)

Les espèces d'ours dans le monde

Les ours sont des mammifères.
Certaines espèces d'ours sont menacées de disparition.

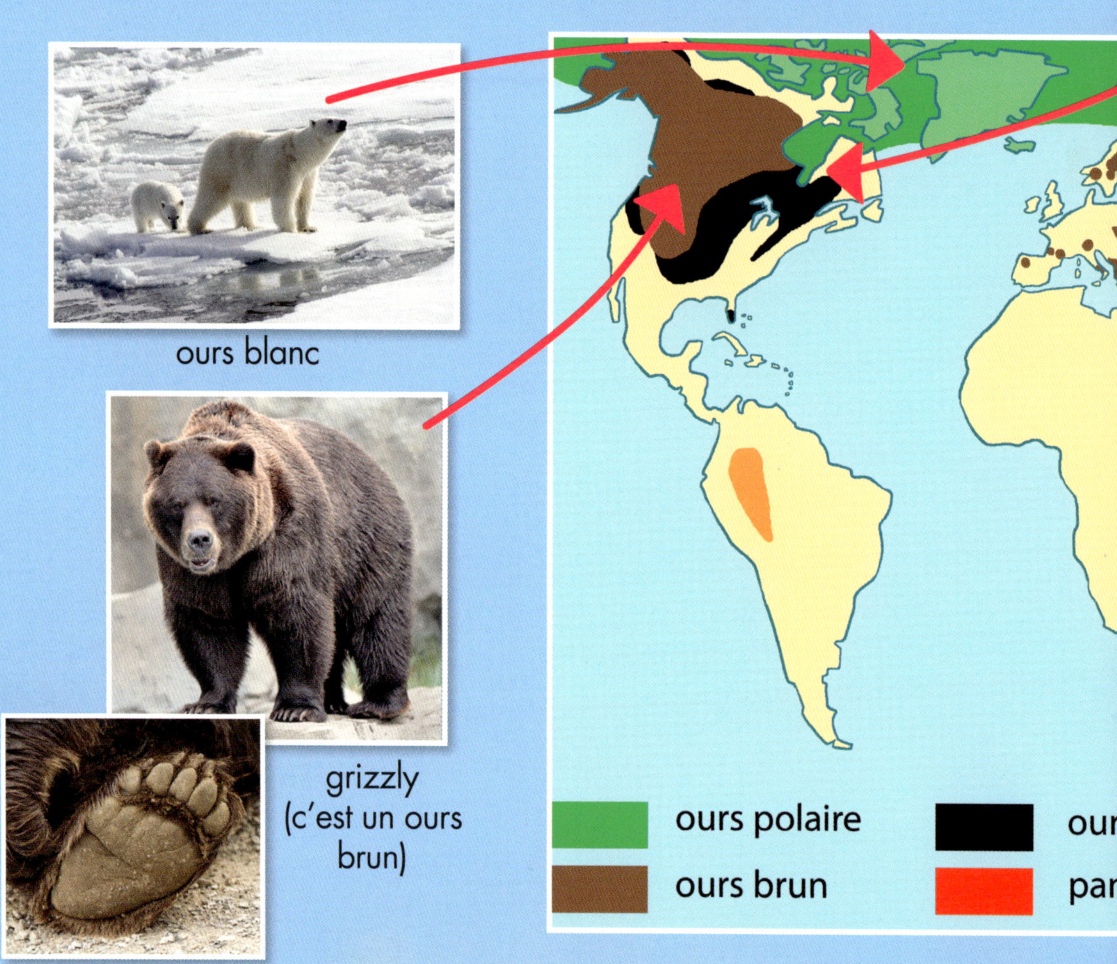

ours blanc

grizzly (c'est un ours brun)

patte d'ours vue de dessous

Carte d'identité de l'ours brun

Taille : jusqu'à 3,5 m debout pour le mâle et environ 2,5 m pour la femelle.

Poids de l'adulte : environ 350 kg pour le mâle et 200 kg pour la femelle.

Habitat : forêt dense.

ours noir

ours brun

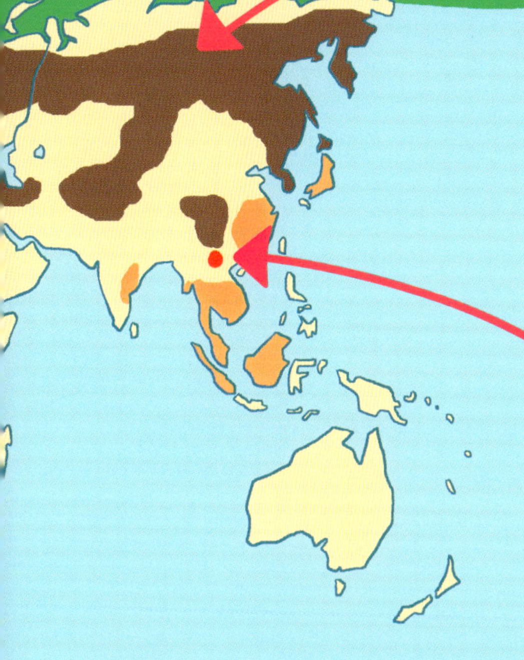

autres ours

ant

Ours brun

Il a été réintroduit dans les Pyrénées.
Une vingtaine d'ours bruns y vivent actuellement.

panda géant

Mode de vie

L'ours brun sort généralement le matin et en soirée. Il reste à l'abri pendant la journée.

Il hiberne entre novembre et mars dans des cavernes, des crevasses ou les racines d'un grand arbre.

L'alimentation : l'ours est omnivore

Son alimentation varie selon les saisons.

Printemps : herbes et pousses de jeunes plantes.

Été : myrtilles et autres baies.

Automne : pommes, noix et prunes sauvages.

Toute l'année : des racines, du miel, des insectes, des mammifères (agneaux, musaraignes…), des reptiles et des poissons.

Les habitants du froid

Dans certaines régions du monde, **l'hiver est très froid et très long**. Les habitants de ces régions sont habitués à vivre avec des températures allant parfois jusqu'à **– 50 degrés**. Dans les montagnes françaises, il peut aussi faire très froid mais rarement en dessous de – 25 degrés.

Montréal au Canada

Des iles en Norvège situées au nord du cercle polaire. En hiver, il ne fait pas complètement jour ; en été, il ne fait pas complètement nuit.

Des bâtiments recouverts de neige et des sculptures de glace en Chine

Un village du Groenland

L'hiver, en Norvège comme au Canada, les habitants utilisent des motoneiges et parfois des skis pour se déplacer.

Un Inuit du Canada en costume traditionnel en peau de rêne pour se protéger du froid

Dans les montagnes de l'Himalaya, les enfants doivent parfois faire plusieurs jours de marche pour aller à l'école.

Les Khanty de Sibérie déplacent leur campement selon les saisons : ce sont des nomades.

L'art et la montagne

Ernst Ludwig Kirchner, *Paysage d'hiver au clair de lune*, 1919.

CRÉDITS PHOTOGRAPHIQUES **Couverture** : ©DR – **p. 21** : **vaches** © DR, **ours polaires ©** Christopher Wood / Shutterstock, **Montréal** © Andrew Breeden - Fotolia.com – **p. 22** : **vallée** © DR, **glacier du Gorner** © Fedor Selivanov / Shutterstock, **torrent** © Olivier Tuffé - Fotolia.com – **p. 23** : **sommets** © DR, **mélèze** © SilvanBachmann / Shutterstock, **chardon** © DR, **épicéa** © Zyankarlo – Shutterstock, **edelweiss** © ArtOfLightPro / Shutterstock – **p. 24** : **barrage** Mystic Lake Dam, dans le Montana (Etats-Unis) © Flaxphotos – Shutterstock, **station de ski en été** (Saint-Gervais), **station de ski en hiver** © DR, **chasse-neige** © Amy Johansson - Shutterstock – **p. 25** : **tracteur** © Bernard Illy, **randonneurs** © Bernard Illy, **alpiniste** © aragami12345s – Shutterstock, **vaches** © Bernard Illy – **p. 26** : **vue satellite de l'Europe de l'ouest** BIS / Ph. NASA Coll. Archives Sejer – **p. 27** : **Puy de Sancy** © Yannick Saint-Andre - Fotolia.com, **Mont Blanc** © pedrosala - Fotolia.com, **Ballon de Guebwiller** © bobroy20 - Fotolia.com, **pic Vignemale** © Yvann K - Fotolia.com – **p. 28** : **ours polaires** © Christopher Wood / Shutterstock, **grizzly** © Nagel Photography / Shutterstock, **patte d'ours** © Benjamin-Nocke / Shutterstock – **p. 29** : **ours brun** © BIS / Ph. Onkelchen, **panda** © leungchopan / Shutterstock – **p. 30** : **Montréal** © Andrew Breeden - Fotolia.com, **Petit village** de pêcheurs sur les îles Lofoten (Norvège) © kolbjorn – istockphoto, **Festival de sculpture sur glace** à Harbin (Chine) © Oksana Perkins - Fotolia.com, **Village de Kulusuk** (Groenland) © PavelSvoboda / Shutterstock – **p. 31** : **motoneige** © iofoto - Fotolia.com, **skieurs** © ESTUDI M6 / Shutterstock, **garçon inuit** © Aurora Photos / Alamy / Hemis, **Fillette** dans le village de Racxham (Himalaya) © Vivek Sharma / Alamy / Hemis, **couple Khanty**, Sibérie © Axiom / Hemis.fr – **p. 32** : **Paysage d'hiver au clair de lune,** 1919, huile sur toile, Ernst Ludwig Kirchner (1880 -1938) © Detroit Institut of Art / Gift of Curt Valentin / The Bridgeman Art Library.

Illustrations : p. 27 (carte) P. Gromy – **pp.28-29 (**planisphère) Dawid.

Conforme à la loi du 16 juillet 1949 sur les publications destinées à la jeunesse.
ISBN : 978-2-09-122803-7
Achevé d'imprimer en France en mai 2016
par l'imprimerie I.M.E., 25110 Baume-les-Dames - N° de projet : 10224570.

MIXTE
Papier issu de sources responsables
FSC® C022030